BEI GRIN MACHT SICH IHR WISSEN BEZAHLT

- Wir veröffentlichen Ihre Hausarbeit, Bachelor- und Masterarbeit

- Ihr eigenes eBook und Buch - weltweit in allen wichtigen Shops

- Verdienen Sie an jedem Verkauf

Jetzt bei www.GRIN.com hochladen und kostenlos publizieren

Bibliografische Information der Deutschen Nationalbibliothek:

Die Deutsche Bibliothek verzeichnet diese Publikation in der Deutschen Nationalbibliografie; detaillierte bibliografische Daten sind im Internet über http://dnb.d-nb.de/ abrufbar.

Dieses Werk sowie alle darin enthaltenen einzelnen Beiträge und Abbildungen sind urheberrechtlich geschützt. Jede Verwertung, die nicht ausdrücklich vom Urheberrechtsschutz zugelassen ist, bedarf der vorherigen Zustimmung des Verlages. Das gilt insbesondere für Vervielfältigungen, Bearbeitungen, Übersetzungen, Mikroverfilmungen, Auswertungen durch Datenbanken und für die Einspeicherung und Verarbeitung in elektronische Systeme. Alle Rechte, auch die des auszugsweisen Nachdrucks, der fotomechanischen Wiedergabe (einschließlich Mikrokopie) sowie der Auswertung durch Datenbanken oder ähnliche Einrichtungen, vorbehalten.

Impressum:

Copyright © 2018 GRIN Verlag
Druck und Bindung: Books on Demand GmbH, Norderstedt Germany
ISBN: 9783346029317

Dieses Buch bei GRIN:

https://www.grin.com/document/499545

Julia Schmitt

Selbstwirksamkeit und Suchterkrankungen. Psychologie des Gesundheitsverhaltens

GRIN Verlag

GRIN - Your knowledge has value

Der GRIN Verlag publiziert seit 1998 wissenschaftliche Arbeiten von Studenten, Hochschullehrern und anderen Akademikern als eBook und gedrucktes Buch. Die Verlagswebsite www.grin.com ist die ideale Plattform zur Veröffentlichung von Hausarbeiten, Abschlussarbeiten, wissenschaftlichen Aufsätzen, Dissertationen und Fachbüchern.

Besuchen Sie uns im Internet:

http://www.grin.com/

http://www.facebook.com/grincom

http://www.twitter.com/grin_com

Deutsche Hochschule für
Prävention und Gesundheitsmanagement

Einsendeaufgabe

Fachmodul: Psychologie des Gesundheitsverhaltens

Studiengang: Gesundheitsmanagement

Name, Vorname: Schmitt, Julia

Semester: SS 2017

Inhaltsverzeichnis

1 SELBSTWIRKSAMKEIT 3

1.1 Definition Selbstwirksamkeitserwartung 3

1.2 Befragung zum Thema: spezifische Selbstwirksamkeitserwartung 4

1.3 Vergleich von zwei Studien zum Thema Selbstwirksamkeitserwartung 6

2 SUCHTERKRANKUNGEN 7

2.1 Alkohol 8

2.2 Tabak 10

2.3 Illegale Drogen 11

3 BERATUNGSGESPRÄCH 13

3.1 Einordnung der Kundin in ein Modell des Gesundheitsverhaltens und gesundheitspsychologische Ziele in der Intentionsphase 13

3.2 Gesundheitspsychologische Beratung: Rolle des Beraters und die ersten Schritte 15

3.3 Gesundheitspsychologisches Beratungsgespräch 16

4 LITERATURVERZEICHNIS 19

5 ABBILDUNGS- UND TABELLENVERZEICHNIS 20

5.1 Abbildungsverzeichnis 20

5.2 Tabellenverzeichnis 20

1 Selbstwirksamkeit

1.1 Definition Selbstwirksamkeitserwartung

„Selbstwirksamkeitserwartung (oder Kompetenzerwartung) meint die Fähigkeit, die sich eine Person zuschreibt, ein bestimmtes Verhalten auf Grund von bestimmten Handlungsstrategien, über die sie verfügt bzw. nicht verfügt, ausführen oder nicht ausführen zu können" (Pieter, 2017, S. 126). Bandura verwendete den Begriff „Selbstwirksamkeit" in seiner sozialkognitiven Lerntheorie und prägt somit einen großen Bestandteil der Psychologie (1986, 1997).

Selbstwirksamkeitserwartung ist demnach eine subjektiv geprägte Eigenschaft des Menschen, welche ihn veranlasst eine Handlung durchzuführen, oder niederzulegen. Diese Eigenschaft hat Ihren Ursprung in den persönlichen Erfahrungen des jeweiligen Menschen, denn wenn man eine ähnliche Situation bewältigen konnte verfügt man über bestimmte Handlungsstrategien mit deren Hilfe man diese Handlung ausführen kann. Selbstwirksamkeit ist nicht angeboren, sondern wird individuell durch bewältigte Situationen und Aufgaben erlernt.

Elemente dieses unbewussten Lernprozesses sind direkte, indirekte und symbolische Erfahrungen und Gefühlserregungen (Pieter, 2017, S.127).

Die direkte Erfahrung aus bewältigten Situationen ist die wichtigste Informationsquelle zum Erwerb von Selbstwirksamkeitserwartung. Die Person ist einer Situation gewachsen und erfüllt diese sehr gut, dadurch erlebt sie die positiven Konsequenzen in Verbindung mit der vorangegangenen Anstrengung. Beispielsweise hat eine Person mit Gelenkproblemen an einem Präventionskurs teilgenommen und erlebt, dass sich ihre Beschwerden durch regelmäßigen Sport eindämmen lassen. Damit es zu einer solchen Beeinflussung der eigenen Selbstwirksamkeitserwartung durch Erfolgs- / Misserfolgserlebnisse kommt, muss die Person jedoch diese (Miss-)Erfolge ihrer eigenen Fähigkeit zuschreiben (Schöne, Tandler, 2017). Diesen Vorgang nennt man Kausalattribution, bei der man zwischen internale und externale Attribution unterscheidet. Die internale Attribution beschreibt die Ursache des Erfolgs von der Person selbst ausgehend und die externale bezeichnet die Ursachenbeschreibung als umweltbedingt (Heider, 1977). Zudem gibt es erfolgs- und misserfolgsorientierte Menschen, deren Einstellung ebenfalls sehr viel Einfluss auf die Handlungsentscheidung hat.

Die indirekte Erfahrung ist eine beobachtete Situation, in der eine andere Person eine bestimmte Aufgabe meistert, welche auf sich selbst projiziert wird. Durch solche sozialen Vergleichsprozesse werden Schlüsse auf die eigene Handlungskompetenz gezogen und an einem selbst angewandt (Pieter, 2017, S.127). Zum Beispiel weiß die Person, dass ihre Freundin ihre Rückenbeschwerden durch regelmäßige Training reduzieren kann, demnach versucht sie es ihrer Freundin gleich zu tun und ist bereit auch ein regelmäßiges Training einzuhalten.

Die symbolische Erfahrung ist die Überzeugung durch eine andere Person, welche einem vermittelt, dass man den Situation und Aufgaben gewachsen ist und man die nötige Handlungskompetenz innehat. Wichtig ist hier, dass der Berater überzeugend und glaubwürdig erscheint, sowohl durch die soziale als auch die berufliche Rolle. So kann beispielsweise ein Physiotherapeut dem Patienten überzeugend empfehlen, ergonomische Büroeinrichtung zu kaufen und regelmäßige Übungen durchzuführen.

Die Gefühlserregung tritt immer in Verbindung mit physiologischen Reizen auf. Bei schwierigen Handlungen senden erlebte physiologische Reaktionen Informationen über die eigene Kompetenz diese Handlung auszuführen. Beispielsweise hat eine Person vor einem Vortrag Herz-Kreislauf-Reaktionen und spürt eine ängstliche Erregung, somit ist die Selbstwirksamkeitserwartung der Vortragenden sehr gering.

Menschen mit hoher Selbstwirksamkeitserwartung treten Anforderungssituationen mit weniger körperlicher Erregung entgegen oder diese ist mit positiven Gefühlen verbunden (Pieter, 2017, S.128).

Die Selbstwirksamkeit beeinflusst ob wir eine Handlung begehen oder nicht, so hat sie einen hohen Stellenwert in unseren Entscheidungen.

1.2 Befragung zum Thema: spezifische Selbstwirksamkeitserwartung

Damit der Komplex Selbstwirksamkeit deutlicher gemacht werden kann, sind im Folgenden Ergebnisse einer Umfrage dargestellt. Fünf Personen im Alter von 16 bis 65 Jahren beantworteten den Fragebogen zum Thema „gesunde Ernährung" (siehe A. Pieter, 2017, S.134). Um die Ergebnisse genauer spezifizieren zu können, wurden die einzelnen Fragen zu zwei Gruppen zusammengefasst. Gruppe eins beschreibt externe Umstände und Gruppe zwei sind Gefühle und Stimmungen.

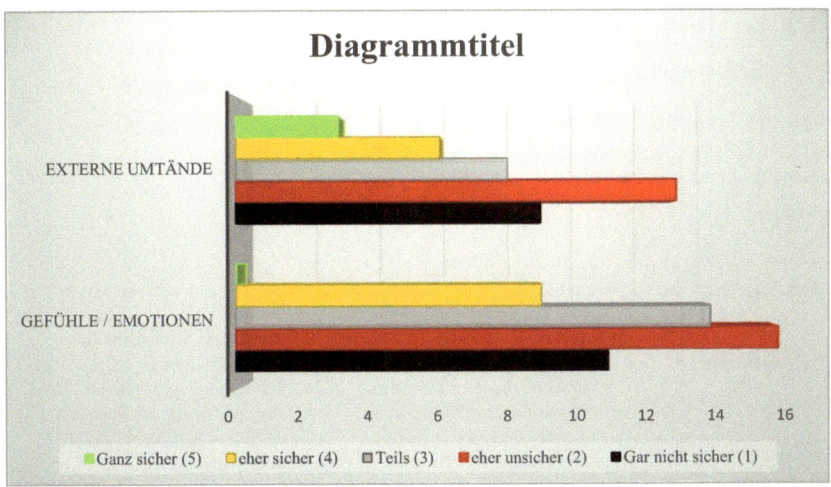

Abb.1 Auswertung des Fragebogens zur persönlichen Selbstwirksamkeit

Zu den externen Umständen zählen Restaurantbesuche, Urlaub, Wochenende oder festliche Anlässe. Diese beeinflussen uns weniger als Gefühle und Emotionen. Bei externen Umständen fühlt sich der Mensch mehr selbstbestimmt, trotz dass man sich von der Umgebung unter Druck gesetzt fühlt. 60% der Befragten sind sich ganz sicher, dass sie sich auch gesund ernähren können, wenn sich die äußeren Umstände ändern.

Gefühle und Emotionen umfassen hier Langeweile, Wut, Trauer, Enttäuschung und Nervosität; keiner der fünf Teilnehmer hat angegeben, dass sie sich ganz sicher sind auch bei diesen Gefühlszuständen sich gesund ernähren zu können. Außerdem ergab die Umfrage, dass Heißhunger, Langeweile und das Gefühl sich etwas zu gönnen, die häufigsten Gründe sind sich nicht gesund ernähren zu können.

Nach Pieter sind Emotionen subjektive Erregungszustände, welche sich in körperlichen Reaktionen äußern und dadurch unser Verhalten maßgeblich beeinflussen (2017, S.92). Natürlich ist die vorangegangene Befragung nicht allgemeingültig und aussagekräftig, da nur fünf Personen befragt wurden und dies nicht wissenschaftlichen Standards entspricht. Die Umfrage gibt trotzdem einen Einblick in das menschliche Verhalten und Handeln und wie der Mensch von Emotionen und Gefühlen bestimmt ist.

1.3 Vergleich von zwei Studien zum Thema Selbstwirksamkeitserwartung

Abschließend soll die Studie von Dohnke et al. mit der von Schneider und Rief verglichen werden.

Tab. 1 Vergleich der Studien zur Selbstwirksamkeitserwartung von Dohnke et al. Und Schneider & Rief

	Dohnke et al. (2006)	Schneider & Rief (2007)
Fragestellung	• Einfluss von Ergebnis- und Selbstwirksamkeitserwartungen auf die Ergebnisse einer Rehabilitation nach Hüftgelenkersatz	• Führen Therapieerfolge in Schmerzbewältigung und Beeinträchtigung zur Steigerung der Selbstwirksamkeitserwartungen? • Welchen relativen Beitrag leisten Erfolge in diesem Bereich
Stichprobe	• 1065 Patienten mit Rehabilitation nach Hüftgelenkersatz	• 316 Patienten mit somatoformer Schmerzstörung
Materialien / Test	• Untersuchung von : Einfluss des körperlichen Gesundheitszustands, des emotionalen Wohlbefindens und behandlungsbezogener Erfahrungen auf beide Erwartungstypen zu Reha-Beginn	• Bei Aufnahme: Untersuchung von Selbstwirksamkeitserwartung, Schmerzbewältigungsstrategie, schmerzbedingter / allgemeinpsychischer Beeinträchtigung • Bei Entlassung Befragung mit Therapieerfolgstrainings
Untersuchungsdesign	• Längsschnittanalysen und Querschnittsanalysen	• Datenanalyse mit Strukturgleichungsmodellen im Rahmen konfirmatorischer Pfadanalysen
Hauptergebnisse	• Hohe Selbstwirksamkeitserwartung verstärkt Ergebniserwartung • Selbstwirksamkeit und körperlicher Gesundheitszustand beeinflussen sich • Höhere Selbstwirksamkeit durch geringe Depressivitätsrate und guter präoperativer Aufklärung	• Zwei Modelle mit jeweils 65% Varianz der Selbstwirksamkeits-Änderung • Stärkster direkter Effekt: erfolgreiche Reduktion der Schmerzbedingten und allgemeinpsychischen Beeinträchtigungen ➔ Bei Patienten mit somatoformer Schmerzstörung ändert sich die Selbstwirksamkeitserwartung in Abhängigkeit von Veränderung der Beeinträchtigung und Schmerzbewältigungsstrategie

Beide Studien weisen Gemeinsamkeiten auf. Sowohl in der Studie von Dohnke et al. Als auch in der von Schneider und Rief sind nur grobe Angaben zu den Teilnehmern der Studie vorhanden.

Ein wesentlicher Unterschied ist, dass Dohnke et al. Mehr Teilnehmer aufweisen kann, damit ein genaueres Ergebnis möglich ist. Ein negativ geprägter Unterschied bei Dohnke ist, dass die Materialien und Tests nur oberflächlich beschrieben wurden und die Ergebnisse nur als allgemeingültige Thesen formuliert wurden. Schneider und Rief weisen mehr Details bei den Tests auf und nehmen einen intensiveren Bezug auf die Studienteilnehmer und der Veränderung ihrer somatoformen Schmerzstörung. Schneider und Rief haben zudem noch neue Erkenntnisse im Bereich von Schmerzbewältigungsstrategien im Zusammenhang mit Selbstwirksamkeit gewonnen und können diese nun anwenden. Insgesamt scheint die zweite Studie von Schneider und Rief erfolgreicher zu sein als die von Dohnke et al..

2 Suchterkrankungen

Sucht betrifft viele Menschen in Deutschland. Mit Suchterkrankungen sind nicht nur die Abhängigkeitserkrankungen gemeint, sondern die Gesamtheit von riskanten, missbräuchlichen und abhängigen Verhaltensweisen in Bezug auf Suchtmittel (legale und illegale) sowie nichtstoffgebundene Verhaltensweisen, Glücksspiel oder pathologischer Internetgebrauch (Bundesministerium für Gesundheit, 2017).

Eine Abhängigkeit wird nach dem ICD-10 diagnostiziert, wenn drei oder mehr der nachfolgenden Kriterien gleichzeitig- entweder mindestens einen Monat oder wiederholt innerhalb eines Jahres- bestehen (Renneberg, 2006, S.158):

Nach Renneberg:

„1. starkes Verlangen, die Substanz zu konsumieren

2. verminderte Kontrolle über Beginn, Beendigung und Menge des Konsums

3. körperliche Entzugssymptome bei Reduktion oder Beendigung des Konsums

4. Toleranzentwicklung, d. h. es müssen größere Mengen der Substanz konsumiert werden, um den intendierten Effekt zu erreichen

5. Einschränkung des täglichen Lebens auf den Substanzkonsum und

6. anhaltender Konsum trotz eindeutiger schädlicher Folgen, dessen sich der Betreffende bewusst ist oder sein könnte." (2006, S. 158)

Eine weitere Theorie zur Entstehung von Suchterkrankungen zeigt die „Sucht-Trias" ( ) Dieses Modell stellt die vielfältigen potenziellen Ursachen von Sucht im Dreieck von Umwelt, Individuum und Substanz dar. Dieses Modell hat sich in den letzten Jahren als Schema für die Ursachenforschung der Sucht durchgesetzt und lässt sich auch als Erklärungsmodell für nicht abhängige problematische Konsumformen anwenden.

Abb. 2: Modell des Sucht-Trias (Steiner, 2013)

Zu Nichtstoffgebundene Suchterkrankungen zählen beispielsweise „Computerspielabhängigkeit", „pathologisches Glücksspiel" und „Internetsucht", diese haben die Merkmale von Suchterkrankungen und gehören deshalb dazu (Die Drogenbeauftragte der Bundesregierung, 2017, S.61).

Im weiteren Verlauf werden stoffgebundene Suchterkrankungen in den Fokus gerichtet, insbesondere Alkohol, Tabak und illegale Drogen.

2.1 Alkohol

Es gibt viele verschiedene Alkohole in der Chemie, aber nur Ethanol ist für den Menschen verträglich. Dieser Trinkalkohol wird durch die Vergärung von Zucker aus verschiedenen Grundstoffen gewonnen (Die Drogenbeauftragte der Bundesregierung, 2017, S.35). Der Alkoholgehalt der verschiedenen Getränke ist sehr unterschiedlich.

Der getrunkene Alkohol kommt zunächst ins Blut und damit auch zum Gehirn, wo es verschiedene Transmitter freisetzt (Die Drogenbeauftragte der Bundesregierung, 2017, S.35). Hauptsächlich wird Dopamin, welches für das „Glücksgefühl" zuständig ist, und GABA, das eine angstlindernde und beruhigende Wirkung hat, freigesetzt. Allgemein kann man sagen, dass Alkohol eine enthemmende Wirkung hat und sich die Stimmung verbessert. Jedoch können größere Mengen zu massiven Wahrnehmungsstörungen, Beeinträchtigung von Koordination und Sprache, kommen (Die Drogenbeauftrage der Bundesregierung, 2017, S.35). Bei sehr hohen Mengen Alkohol kann die entstandene Müdigkeit zu Bewusstlosigkeit führen und schließlich ins Koma münden (Die Drogenbeauftrage der Bundesregierung, 2017, S.35). Nach Renneberg jedoch gilt: „ für den Gebrauch von Alkohol (...), dass unbedenkliche Konsummuster eher die Regel sind. So ist der Konsum von Alkohol, in unserer Gesellschaft kulturell verankert und weit verbreitet (2006, S.160)."

Der Alkoholkonsum ist zwar rückläufig, dennoch zählt Deutschland zu den Hochkonsumländern (weltweiter Durchschnittskonsum im Jahr: 6,04 Liter pro Erwachsener; in Deutschland 12,14 Liter Alkohol) (Die Drogenbeauftragte der Bundesregierung, 2017, S.35). Ebenfalls rückläufig ist die Anzahl von Diagnosen der Alkoholabhängigkeit, die insgesamt 3,1% der 18- bis 59-Jährigen erhielten; dabei wurden erwartungsgemäß mehr Männer als Frauen alkoholabhängig diagnostiziert (4,8% gegenüber 1,3%) (Renneberg, 2006, S.162). Trotz der sinkenden Zahlen sind immer noch 18,2% der über 18-jährigen Männer und 13,8% der Frauen Risikokonsumenten (Renneberg, 2006, S.37).

Die Folgen des Alkoholkonsums sollen im Folgenden kurz erläutert werden. Ab etwa 1 Promille spricht man vom Rauschstadium, welches die Orientierung und die Reaktionsfähigkeit verschlechtert (Die Drogenbeauftragte der Bundesregierung, 2017, S.39). Bei einem Wert von 3 Promille droht Bewusstlosigkeit, Schutzreflexe des körpers werden ausgeschalten und es kann zu lebensgefährlichem Atemstillstand kommen (Die Drogenbeauftragte der Bundesregierung, 2017, S.39). Langanhaltender Alkoholmissbrauch kann alle Organe schädigen; typische Folgen des sogenannten chronischen Alkoholkonsums sind Veränderungen der Leber. Diese Veränderungen machen sich erst als Fettleber sichtbar und enden in einer Leberzirrhose, die in den westlichen Industrienationen bei ca. 50% der Diagnosen Alkoholmissbrauch als Ursache haben (Die Drogenbeauftragte der Bundesregierung, 2017, S.40). Alkoholabhängigkeit ist der häufigste Grund für eine Entwöhnungsbehandlung durch die Rentenversicherung: im Jahr 2016 waren es 57.457 Behandlungen (Die Drogenbeauftragte der Bundesregierung, 2017, S.42). In der Folgenden Abbildung soll dies noch deutlicher werden.

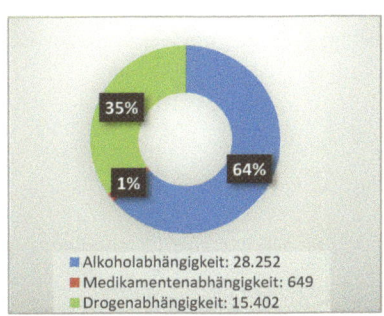 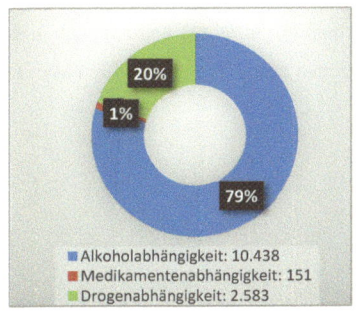

Abb.3: Bewilligte Entwöhnungsbehandlungen 2016 (Die Drogenbeauftragte der Bundesregierung, 2017, S.42)

Aufgrund der genannten Zahlen und Fakten sind Präventions- und Interventionsprogramme unbedingt notwendig. Die Bundeszentrale für gesundheitliche Aufklärung ist vor allem im Bereich Alkoholprävention in den Medien stark vertreten. Zielgruppen sind hauptsächlich Kinder und Jugendliche, um diese vor einem frühen, riskanten Konsum zu schützen und Erwachsene für einen verantwortungsbewussten Umgang mit Alkohol (BZgA, 2016, S. 28). Um die Präventionsziele zu erreichen hat die BZgA verschiedene Programme entwickelt: Jugendlichen bis 16 Jahren wird das Konzept „Null Alkohol – Voll Power" zugeordnet, für Jugendliche von 16 bis 18 Jahren steht „Alkohol? Kenn dein Limit.", welches von der Privaten Krankenversicherung unterstützt wird (BZgA, 2016, S.28). Und zuletzt gibt es noch ein Programm für Erwachsene, welches ebenfalls „Alkohol? Kenn dein Limit." heißt sich jedoch auch an Schwangere und Eltern beispielsweise richtet (BZgA, 2016,S.28).
Im Anschluss wird das Suchtmittel Tabak genauer differenziert.

2.2 Tabak

Der Hauptwirkstoff der Tabakpflanze ist das Nikotin, das durch den Zigarettenrauch eingeatmet wird. Nikotin hat einen anregenden aber auch beruhigenden Effekt. Mit dem Tabakrauch werden viele Gifte und Krebserregende Stoffe durch die Lunge in den gesamten Körper transportiert. Die stärkste Belastung trägt das Herz-Kreislauf-System, auch wenn diese erst nach Jahren sichtbar werden. Jährlich sterben in Deutschland über 120.000 Menschen an den Folgen des Tabakkonsums (Bundesministerium für Gesundheit, 2017). Aktuelle Trends zum Tabakkonsum zeigen, dass die Konsummenge ab dem Jahr 2003 konstant sinkt: signifikante Abnahme von 14,4 auf 9,7 Zigaretten pro Tag (Die Drogenbeauftragte der Bundesregierung, 2017, S.24). Demnach ist die Raucherquote in Deutschland von 33,8% auf 23,8% gesunken (Die Drogenbeauftragte der Bundesregierung, 2017, S.25).
In den letzten Jahren wurden noch mehr nikotinhaltige Produkte, wie Wasserpfeifen, E-Zigaretten und E-Shishas, auf den Markt gebracht.

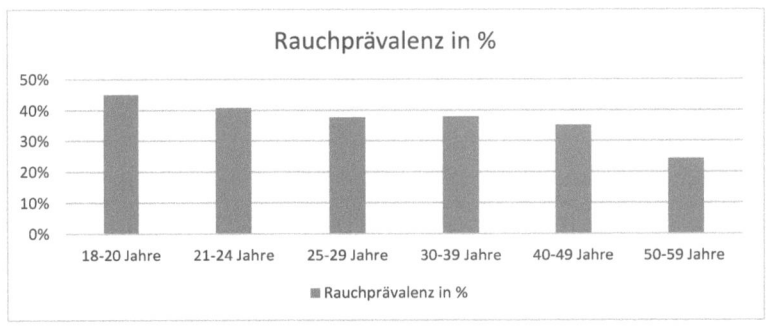

Abb.4: Rauchprävalenz in Deutschland, differenziert nach dem Alter (modifiziert nach Renneberg, 2006)

Der hohe Anteil an Jugendlichen in der Statistik ist damit zu begründen, da der Erstkonsum des Tabaks bei vielen als Probierverhalten wiederspiegelt (Renneberg, 2006, S. 158). Insgesamt ist aber ein Rückgang des Tabakkonsums mit zunehmendem Alter zu verzeichnen, auch wenn dieser im fortgeschrittenen Alter meist ein regelmäßiger Konsum ist.

Der Tabakkonsum von Männern und Frauen wird auch durch ihrem sozialen Status beeinflusst: Personen mit niedrigem sozialem Status rauchen zu höheren Anteilen (Die Drogenbeauftragte der Bundesregierung, 2017, S. 27).

„Rauchfrei" heißt die Kampagne der Bundeszentrale für gesundheitliche Aufklärung. Hauptziele dieses Konzepts sind Nichtraucher vor dem Einstieg in das Rauchen zu bewahren, vor dem Passivrauch zu schützen und Raucher beim Aufhören zu unterstützen (BZgA, 2016, S.9). Dazu passend hat die BZgA auch eine Website eingerichtet – www.rauchfrei.info – welche als Austausch und Aufklärungsplattform fungiert. Schwerpunkte dieser Plattform sind Inhalts- und Zusatzstoffe von Zigaretten und Tabakrauch, gesundheitsschädigende Wirkungen des Rauchs, das Abhängigkeitspotential von Nikotin und einen Selbsttest zur Ausstiegsbereitschaft (BZgA, 2016, S.10).

2.3 Illegale Drogen

Der illegale Drogenkonsum wird als jugendtypisches Phänomen angesehen, welches einen großen Raum in der öffentlichen Diskussion einnimmt (Renneberg, 2006, S.162). Die weltweit am meisten verbreitete Droge ist Cannabis bzw. Cannabisprodukte. Laut Renneberg berichten „in der aktuellen Drogenaffinitätsstudie (BZgA 2004) 32% der 12- bis 25-Jährigen über entsprechende Konsumerfahrungen" mit Cannabisprodukten (2006, S.162). Dieser hohe Wert ist auf das Probierverhalten der Jugendlichen zurückzuführen. Der Drogen – und Suchtbericht berichtet davon, dass 1,2% der 18- bis 64- jährigen der deutschen Bevölkerung problematischen Cannabiskonsum aufweisen (Pieter, 2017, S.167). Andere illegale Substanzen waren nur von geringer Bedeutung; dazu zählen: psychoaktive Pflanzen (4%), Ecstasy (4%), Amphetamine (4%), Kokain (2%), LSD (2%), und Herion (0,3%) (Renneberg, 2006, S.162).

Der Trend geht immer mehr hin zu neuen psychoaktiven Stoffen (NPS), sogenannte Legal Highs, werden unter anderem als „Räuchermischungen", „Badesalze" oder „Reiniger" angeboten (Die Drogenbeauftrage der Bundesregierung, 2017, S.59). Eine genaue Definition der Wirkung ist nicht möglich, aufgrund der Vielzahl von Substanzen. Diese Drogen sind vor allem so gefährlich, da diese frei verkäuflich sind, nicht unter die gesetzlich festgelegten illegalen Drogen fallen und ihre Wirkung nicht genau bekannt ist. Es wurden in Deutschland schon Todesfälle mit der Ursache psychoaktive Stoffe festgestellt (Pieter, 2017, S.168).

Nach Pieter ist der Drogenhandel in politischer Hinsicht eine gesellschaftliche Bedrohung, die die Regierung einzudämmen versucht (2017, S.169). Jedoch kann man mit Hilfe von Prävention und Gesundheitsförderung die Zahl der Konsumenten eingrenzen. Im Bereich der Primärprävention richtet man sich speziell an Jugendliche und junge Erwachsene, da der Einstieg in den Konsum meist in diesem Alter beginnt (Pieter, 2017, S. 169). Die Bundeszentrale für gesundheitliche Aufklärung hat zum Thema illegale Drogen eine Website erstellt www.drugcom.de, die über Wirkungen, Risiken und Gefahren dieser Drogen aufklären (BZgA, 2016, S.51). Diese Internetseite bietet: ein Drogen- und Suchtlexikon, neun Wissenstests zu verschiedenen Drogen, Verhaltens- und Selbsttests zu Alkohol („Check your drinking") und zu Cannabis („Cannabis Check") (BZgA, 2016, S.51) . Außerdem findet man dort auch ein Beratungsprogramm für Cannabiskonsumierende („Quitt he Shit") und zur Reduzierung von Alkoholkonsum („Change your drinking"), wo man sich auch per E-Mail und Chat beraten lassen kann. Natürlich die Unterstützung durch die Bundeszentrale für gesundheitliche Aufklärung kostenfrei und für jeden zugänglich.

3 Beratungsgespräch

3.1 Einordnung der Kundin in ein Modell des Gesundheitsverhaltens und gesundheitspsychologische Ziele in der Intentionsphase

Das HAPA-Modell nach Schwarzer (2008) besteht aus zwei Elementen: die Motivationsphase, die bis zur Intentionsbildung führt, und die Volitionsphase, die von der Umsetzung der Intention bis zur Handlung führt.
In der motivationalen Phase steht die Intentionsbildung (Zielsetzung) im Vordergrund. Sie wird durch die Risikowahrnehmung, Handlungsergebniserwartung und motivationale Selbstwirksamkeitserwartung beeinflusst (Schwarzer, 2014, S. 721). Danach folgt die volitionale Phase, in der es sich um die Veranlassung und Zielverfolgung des Verhaltens handelt. Maßgebliche Elemente sind die Planung und die Selbstwirksamkeitserwartung. Das Modell vereint kontinuums- und stadientheoretische Annahmen(Schwarzer, 2014, S. 721). Als Kontinuums Modell (Mediatormodell) eignet es sich für die Analyse und Vorhersage von Verhaltensänderungen (Pieter, 2017, S.237).

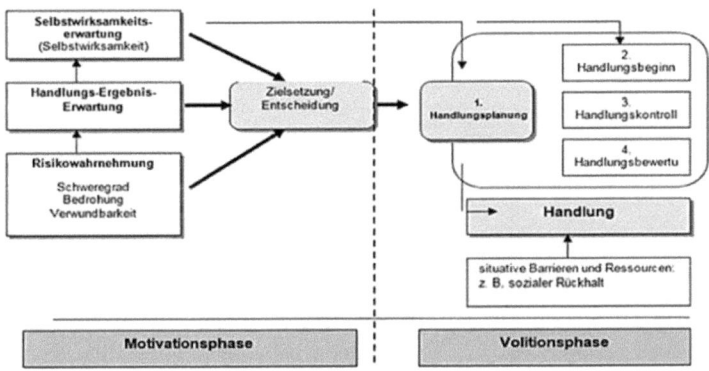

Abb. 5: Das Health Action Process Approach Modell (modifiziert nach Schwarzer R., 2008, S. 20)

Am Beispiel von Frau Müller soll nun das HAPA – Modell deutlich werden. Frau Müller, 30 Jahre alt, ist Sekretärin in einer Stadtverwaltung und Mutter von zwei Kindern. Sie ist mit ihrer Figur unzufrieden und möchte abnehmen. Seit der Geburt ihrer Kinder treibt sie keinen Sport mehr, ernährt sich unregelmäßig und unausgewogen.
Bezogen auf die einzelnen Bestandteile des Modells: Frau Müller leidet unter Übergewicht und ist mit ihrer Figur unzufrieden. Die Folgen des Übergewichts sieht sie als großes Risiko

und eine Bedrohung ihrer Gesundheit an, das bedeutet sie hat eine bewusste Risikowahrnehmung. Frau Müller kommt zum Entschluss, dass die Vorteile vermehrter Bewegung und gesunder Ernährung gegenüber den Nachteilen überwiegen. Sie hat sich Gedanken über ihre Handlungs-Ergebnis-Erwartung gemacht. Frau Müller steht aktuell zwischen ihrer durchdachten Handlungs-Ergebnis- Erwartung und ihrer noch sehr schwachen Selbstwirksamkeitserwartung. Ihre Selbstwirksamkeit muss nun gestärkt werden, um ihre noch geringe Motivation zu fördern.

Im Folgenden wird die Intentionsphase, mit dem Hauptziel Überschreiten des Rubikons und Erarbeitung eines handlungswirksamen Ziels, beschrieben (Pieter, 2017, S.256).

Zu Beginn des Gesprächs ist es wichtig die wahren Beweggründe des Klienten herauszufiltern, damit er diese durch Fragen des Beraters reflektieren und die Auswirkungen des aktuellen Verhaltens erkennen kann. Wichtig ist, dass die „Hin-zu-Ziele" überwiegen und das neue Verhalten mit positiven Gefühlen bestückt wird (Pieter, 2017, S.257). Damit der Klient seinem persönlichen Ziel näher kommt, kann eine Abwägung der Kosten und Nutzen der Verhaltensänderung (von ihm selbst) analysiert werden (Pieter, 2017, S.257). In diesem Zug können mögliche Barrieren in der Handlungsphase gleich besprochen werden, um jene vorzubeugen. Das genannte Kosten-Nutzen-Schema kann man in Form von einer „Waage" oder einer Vierfelder-Schema aufweisen.

Tab. 2: Vierfelder-Schema der Kosten-Nutzen-Analyse einer Person zur Aufnahme gesunder Ernährung

Folgen	Beibehaltung	Veränderung
Kurzfristige	- bequem	- Organisationsaufwand
	- zufrieden	- Zeitaufwand: frisches kochen
	- kein Sättigungsgefühl	- gutes Gefühl
Langfristige	- Gewichtszunahme bis hin zu Adipositas	- hohe Vitalität
	- Müdigkeit	- starkes Immunsystem
	- fehlende Lebensqualität	- Gewichtsreduktion
		- dauerhaft schlankere Figur

Während der Klient einige Aspekte aufschreibt, macht er sich bewusst, dass eine Verhaltensänderung nötig ist. Um ihn bei der Intentionsbildung zu unterstützen, kann der Berater nach früheren Erfolgen fragen und dem Klienten somit seine eigenen Ressourcen klar machen. Zusätzlich ist wichtig, dass er im sozialen Umfeld unterstützt wird, damit er sein Ziel verfolgen kann.

Wenn nun dem Klienten das Problem bewusst ist, seine Beweggründe klar sind, er den Nutzen erkennt und eine feste Absicht formuliert hat, dann kann er mit der Zielfestlegung den Rubikon überschreiten (Pieter, 2017, S.260). Maßgeblich für den Erfolg ist hier, dass er das Ziel selbständig - sowohl inhaltlich als auch sprachlich – formuliert (Pieter, 2017, S260).
Das Ziel des Klienten sollte detailliert und klar definiert sein. Einen Leitfaden zur Ausformulierung des Ziels gibt die „SMART-Formel" (Pieter, 2017, S.261). Das Ziel wird spezifisch und konkret in der Gegenwart (Präsens) formuliert, soll messbar und attraktiv für den Kunden sein. Zudem soll es realistisch, erreichbar sein - nicht utopisch – und terminiert, das heißt es muss ein Starttermin und ein Kontrolltermin festgelegt werden. Im Beratungsgespräch würde nun die Ausarbeitung des Handlungsplanes folgen.

3.2 Gesundheitspsychologische Beratung: Rolle des Beraters und die ersten Schritte

Der Berater ist der Begleiter des Kunden und unterstützt ihn im Erreichen seiner Ziele: „Hilfe zur Selbsthilfe" (Pieter, 2017, S.246). Der Klient soll selbst den richtigen Weg und die richtigen Lösungen zur Realisierung seiner persönlichen Gesundheitsziele finden (Pieter, 2017, S.246).
Ein guter Berater kann sich in die Gedanken und Gefühle seines Klienten hineinversetzen, auch wenn er eine andere Meinung hat. Der Klient soll wertgeschätzt werden mit Lob und Anerkennung seiner bisherigen Erkenntnisse. Der gute Berater nimmt die Ideen des Kunden in sein Programm auf und schneidet es individuell auf ihn zurecht. Wichtig ist, dass der Berater alltagsnahe Anregungen gibt und den Kunden überzeugt nicht überredet (Pieter, 2017, S.253). Im weiteren Verlauf werden zusätzliche Eigenschaften eines Beraters aufgezeigt. Der erste Schritt der Beratung ist die Vorbereitung auf das kommende Gespräch. Dabei ist sowohl die organisatorische als auch die mentale Vorbereitung ausschlaggebend für den Erfolg der Beratung. Organisatorische Aspekte sind einerseits das allgemeine Terminmanagement des Unternehmens und die Bereitstellung von Unterlagen und allen bekannten Informationen zum Klienten. Die mentale Vorbereitung hat einen sehr hohen Stellenwert, da der erste Eindruck des Kunden wichtig für das Gespräch ist. Hierzu zählen die Besinnung auf die eigene Rolle als Berater, Wohlgefühl und Selbstsicherheit. Außerdem muss der Berater sich der Situation anpassen, die Dienstleistung als Lösung seiner Probleme und die individuelle, flexible Vorbereitung auf den Kunden (Pieter, 2017, S.247). Durch eine mentale Vorbereitung erlangt man vermehrt Sicherheit in seinem Handeln und kann so eine positiv geprägte Körpersprache ausstrahlen.

Der zweite Schritt ist die Kontaktaufnahme mit dem Klienten. „Die Persönlichkeit des Beraters und dessen Fähigkeit, auf den Klienten (...) einzugehen, sind von entscheidender Bedeutung für den Start und das Aufrechterhalten" des neuen Verhaltens (Pieter, 2017, S.248). Zu Beginn sollte der Berater sich selbst Vorstellen und seine Aufgaben kurz erklären, um die Beziehungsebene von Anfang an positiv zu färben. Die gesamte Beratung wird sitzend erlebt mit 1-2 Metern Abstand. Der Einstieg in das Beratungsgespräch sollte ein ausführliches Beziehungsgespräch sein, wo Berater und Klient durch Gemeinsamkeiten die gegenseitige Sympathie festigen. Gleichzeitig kann der Berater bei diesem Gespräch viele neue Informationen zum Kunden sammeln, welche er im weiteren Verlauf nutzen kann. Wichtig ist, dass die Fragen an den Klienten sich um ein neutrales Thema bzw. das aktuelle Themengebiet z.B. gesunde Ernährung oder sportliche Aktivität drehen. Allgemein sollte der Berater mehr Substantive, aktive Satzkonstruktionen und kurze Sätze verwenden, da diese leichter einprägsam sind und der Klient dem Berater einfacher folgen kann.

Es darf an dieser Stelle nicht unterschätzt werden, welchen enormen Effekt die Nonverbale Kommunikation hat, deshalb ist es sehr wichtig auf ein sauberes äußeres Erscheinungsbild zu achten. Ebenfalls ist es von Bedeutung dem Klienten aktiv zuzuhören, mit weit geöffneten Augen, welche Interesse signalisieren; die Stimme sollte entspannt und tief sein, um dem Kunden Selbstsicherheit und Wohlwollen zu zeigen (Pieter, 2017, S.251).

Die Voraussetzung eines erfolgreichen Beratungsgesprächs und damit auch eine Handlungen des Klienten bezeichnet man als Compliance (Pieter, 2017, S.253). Dieser Begriff steht für die aktive Mitarbeit des Klienten bei der Umsetzung gesundheitlicher Empfehlungen und eine generelle Eigeninitiative.

3.3 Gesundheitspsychologisches Beratungsgespräch

Berater: „Hallo Frau Müller."

Fr. Müller: „Hallo."

Berater: „Schön, dass Sie da sind! Bitte nehmen Sie doch Platz."

Fr. Müller: „Danke."

Berater: „Darf ich Ihnen ein Wasser oder einen Kaffee anbieten?"

Fr. Müller: „Oh ja ich hätte gern ein Glas Wasser."

Berater: „Sind Sie heute das erste Mal bei uns?"

Fr. Müller: „Ja. Und gleich das erste Mal in einem Fitnessstudio."

Berater: „Dann ist sicher einiges neu für Sie. Aber keine Sorge, jeder hat mal angefangen und man lebt sich hier schnell ein."

Fr. Müller: „Ich bin ja mal gespannt."

Berater: „Treiben Sie aktuell Sport?"

Fr. Müller: „Nein leider nicht. Früher habe ich dreimal wöchentlich Ausdauersport gemacht: Laufen, Schwimmen und manchmal auch Fahrrad fahren. Nur leider ist das nicht mehr möglich seit den Kindern. Ich finde neben der Familie einfach keine Zeit für Sport."

Berater: „Dieses Gefühl kenne ich. Ich habe auch ein kleines Kind zu Hause und arbeite erst seit kurzem wieder. Sind Sie aktuell berufstätig?"

Fr. Müller: „Oh dann wissen Sie ja von was ich spreche. Ja ich arbeite Teilzeit in einer Verwaltung. Das kommt ja noch dazu!"

Berater: „Was wollen Sie denn konkret ändern?"

Fr. Müller: „Ich möchte auf jeden Fall abnehmen. Nur wie ist die Frage, deswegen bin ich hier."

Berater: „Am besten ist natürlich eine gesunde Ernährung und ausreichend Bewegung. Wir fangen aber Stück für Stück an. Was sind denn typische Gerichte, die auf dem Essenstisch stehen?"

Fr. Müller: „Naja Spaghetti, Braten mit Klößen und Schnitzel mit Pommes; das was meine Kinder und mein Mann am liebsten Essen."

Berater: „Was denken Sie: wie wird sich Ihre Situation weiterentwickeln, wenn alles so bleibt, wie es gerade ist?

Fr. Müller: „Ich denke das mit dem Abnehmen kann ich auf jeden Fall vergessen. Ich hab mir auch schon Gedanken gemacht etwas gesünder zu kochen für meine Kinder, aber leider habe ich keine Ahnung wie ich das zeitlich schaffen soll."

Berater: „Sie bekommen von mir ein Skript mit verschiedenen Rezepten und Ideen zum Thema „Lecker und gesund", bei Fragen stehe ich Ihnen gern zur Verfügung.

(Besprechen Rezepte und den zeitlichen Abstand der Mahlzeiten)

Berater: „Eine Frage hätte ich aber noch: steht Ihrem Änderungswunsch noch etwas im Weg oder können wir starten?"

Fr. Müller: „Also eigentlich gibt's das nichts. Mein Mann unterstützt mich dabei und außerdem will ich unbedingt wieder Kleidergröße 38 haben!"

Berater: „Was wäre ein erster guter Schritt auf Ihrem Weg? Welche Zwischenetappen wollen Sie bis wann erreichen?

Fr. Müller: „Bis Weihnachten wollte ich 3kg abnehmen und bis nächstes Jahr will ich 10kg schaffen."

Berater: „Ok. Haben Sie sich schon eine Belohnung überlegt wenn sie ihr Zwischenziel erreicht haben?"

Fr. Müller: „Oh ja! Mein Mann und ich gönnen uns ein Wellness-Wochenende in der Therme Erding, da wollten wir schon immer mal hin."

Berater: „Das ist eine tolle Idee. Ich möchte Ihnen kurz ein paar Rezepte aus unserem Buch vorstellen, vielleicht ist ja schon das ein oder andere für Sie passend." (zeigt Frau Müller die Rezepte-Sammlung und bespricht mit ihr die Gemüsepfanne)

Fr. Müller: „Die Gemüsepfanne hört sich ja nicht schlecht an! Die koche ich gleich morgen."

Berater: „Super. Frau Müller was denken Sie: Könnte sich etwas Ihrer Ernährungsumstellung in den Weg stellen? Was könnten Sie dann tun, um dranzubleiben?"

Fr. Müller: „Meine Kinder könnten meckern und das Essen verweigern. Oder ich bekomme Heißhunger und kann mich vor den Süßigkeiten nicht fern halten. Was meine Kinder angeht: denen kann ich ja noch zusätzlich kochen, aber für meine Heißhungerattacken finde ich keine Lösung"

Berater: „Entweder sie probieren erstmal ein Glas Wasser zu trinken, dann ist der Hunger meist verflogen, oder sie versuchen gesunde Snacks, wie Karotten-Sticks oder Knäckebrot. Eine andere Alternative wäre die Süßigkeiten auf die man Heißhunger entwickelt einfach zur nächsten Mahlzeit dazu essen und nicht zwischenrein."

Fr. Müller: „ Ok. Ja das versuche ich."

Berater: „Alles klar Frau Müller dann erstellen wir zusammen einen Plan für die nächsten zwei Wochen, welche Gerichte Sie für die einzelnen Mahlzeiten zubereiten können. Wenn Sie möchten können wir gern heute schon einen Termin vereinbaren, um die Ergebnisse zusammen zu besprechen."

Fr. Müller: „Gute Idee. Dann hab ich gleich noch eine Kontrolle nach zwei Wochen ob es geklappt hat. Vielen Dank!"

Berater: „ Gerne. Wenn sie in den nächsten 14 Tagen Fragen haben, dann rufen Sie mich doch einfach an auf der 0876-577780, ich bin von 9:00 bis 19:00 Uhr erreichbar. Ich wünsche Ihnen viel Erfolg und Spaß beim Ausprobieren mit den neuen Rezepten."

Fr. Müller: „ Ok, danke dann weiß ich Bescheid. Und dann halte ich mich an die 3-Mahlzeiten-Regel wie besprochen?"

Berater: „ Genau, damit packen wir den Weg zum Erfolg gleich an!"

Fr. Müller: „Noch einen schönen Abend und dann bis in zwei Wochen!"

Berater: „ Danke, ebenfalls."

4 Literaturverzeichnis

Andrea Pieter (2017): Studienbrief, zuletzt geprüft am 18.09.2017.

Bundesministerium für Gesundheit (2017): Sucht und Drogen. Online verfügbar unter http://www.bundesgesundheitsministerium.de/themen/praevention/gesundheitsgefahren/sucht-und-drogen.html, zuletzt aktualisiert am 07.04.2017, zuletzt geprüft am 01.09.2017.

Bundeszentrale für gesundheitliche Aufklärung (BZgA) (Hg.) (2016): Suchtprävention. Köln, zuletzt geprüft am 25.09.2017.

Die Drogenbeauftragte der Bundesregierung Bundesministerium für Gesundheit (Hg.) (2017): Drogen- und Suchtbericht.

Prof. Dr. Ralf Schwarzer Ralf Schwarzer (2008): How to Overcome Health-Compromising Behaviors. HAPA Modell. Hg. v. European Psychologist (2). Online verfügbar unter http://econtent.hogrefe.com/doi/pdf/10.1027/1016-9040.13.2.141, zuletzt geprüft am 22.09.2017.

Prof. Dr. Ralf Schwarzer Ralf Schwarzer (Hg.) (2014): Health action process approach. Unter Mitarbeit von M. A. Wirtz. 18. Aufl. Bern: Hogrefe (Dorsch - Lexikon der Psychologie), zuletzt geprüft am 20.09.2017.

Renneberg, Babette; Hammelstein, Philipp (Hg.) (2006): Gesundheitspsychologie. Berlin, Heidelberg: Springer Medizin Verlag Heidelberg (Springer-Lehrbuch). Online verfügbar unter http://dx.doi.org/10.1007/978-3-540-47632-0.

S. Steiner (2013): Theoretische Grundlagen der Suchtprävention. Online verfügbar unter http://www.suchtschweiz.ch/fileadmin/user_upload/DocUpload/Theoretische-Grundlagen-der-SuchtPraevention.pdf, zuletzt geprüft am 24.09.2017.

Schwarzer, Ralf (2008): Modeling Health Behavior Change. How to Predict and Modify the Adoption and Maintenance of Health Behaviors. In: Applied Psychology 57 (1), S. 1–29. DOI: 10.1111/j.1464-0597.2007.00325.x.

5 Abbildungs- und Tabellenverzeichnis

5.1 Abbildungsverzeichnis

Abb.1 Auswertung des Fragebogens zur persönlichen Selbstwirksamkeit, Quelle: eigene Darstellung

Abb. 2: Modell des Sucht-Trias (Steiner, 2013)

Abb.3: Bewilligte Entwöhnungsbehandlungen 2016 (Die Drogenbeauftragte der Bundesregierung, 2017, S.42)

Abb.4: Rauchprävalenz in Deutschland, differenziert nach dem Alter (modifiziert nach Renneberg, 2006)

Abb. 5: Das Health Action Process Approach Modell (modifiziert nach Schwarzer R., 2008, S. 20)

5.2 Tabellenverzeichnis

Tab. 1 Vergleich der Studien zur Selbstwirksamkeitserwartung von Dohnke et al. Und Schneider & Rief Quelle: nach eigener Darstellung

Tab. 2: Vierfelder-Schema der Kosten-Nutzen-Analyse einer Person zur Aufnahme gesunder Ernährung

BEI GRIN MACHT SICH IHR WISSEN BEZAHLT

- Wir veröffentlichen Ihre Hausarbeit, Bachelor- und Masterarbeit

- Ihr eigenes eBook und Buch - weltweit in allen wichtigen Shops

- Verdienen Sie an jedem Verkauf

Jetzt bei www.GRIN.com hochladen und kostenlos publizieren